雕　　像

劉 小 梅 著

文史哲詩叢之四十六
文史哲出版社印行

國家圖書館出版品預行編目資料

雕像 / 劉小梅著. -- 初版. -- 臺北市 : 文史哲, 民 90
面 : 公分 - (文史哲詩叢 ; 46)
ISBN 957-549-397-4 (平裝)

851.486 90020009

文史哲詩叢 ㊻

雕像

著者：劉小梅
出版者：文史哲出版社
登記證字號：行政院新聞局版臺業字五三三七號
發行人：彭正雄
發行所：文史哲出版社
印刷者：文史哲出版社
臺北市羅斯福路一段七十二巷四號
郵政劃撥帳號：一六一八〇一七五
電話 886-2-23511028・傳真 886-2-23965656
實價新臺幣二〇〇元
中華民國九十年十一月初版

ISBN 957-549-397-4

雕像，思之惘然的風景

——淺說劉小梅的詩

張　默

1

《雕像》，是劉小梅的第四本詩集，全書概分三輯，共收長短詩作四十六首，組詩六首。誠如她在「後記」中所述：「本書與過去主觀的發抒顯有不同，它不僅透視內在，也放眼天下，已由書寫身邊瑣事，擴展而爲關懷衆生。」她這番表白，十分妥貼而精要，可以視爲解讀她詩作最實用的一把鑰匙。

近日閉門細讀全書中的每一首詩，筆者初步的觀察所得，劉小梅的文學世界悠然自得，她以小小的詩筆，精心繪出自己所關注的現實，各個不同的風景，陪伴它們一起落寞與輝煌。她不狂想個人馬上會攀上千山絕嶺，「只想做名不忮不求的文字農夫」。

信然，《雕像》的素樸身姿，自二十一世紀的仲夏出發，向華文詩壇挺進，依稀有它一股說不出的思之惘然的「鄉愁」。

2

劉小梅的詩作，往往傳達給讀者的是多種生活的面影，深深淺淺不必細剖的感覺，如果你能把讀詩的心情延伸到她所捕捉的獨具的丘壑裡，或許，你會有意料不到的發現與驚喜。

不信，請看以下的斷句——

將相思之線
用針縫入
夜的裙裾
——別後

漫步湖邊
冷不防
被垂柳吻了一記
——散心

大地是書本
我的腳掌在那兒讀現代詩
——啊

乍回首

路邊的小花都懷孕了
——春

達摩祖師
請允准我送您雙鞋吧
你要「旅狐」
還是「麥克喬登」
——戲說書房（之十四）

炊煙哭訴著
無家可歸
——生活協奏曲（第五樂章）

問他的學歷
燒餅油條加豆漿
——豆漿店老闆

主子
何時才能賜我個座位
與你們共進晚餐
——等待晚餐的蟑螂

作者不論書寫日常瑣事，或對現實某些情境的剖析與箋註，她都以極敏銳的思維，清晰的語感，去解構綻放那些飄浮不定的景象，而讓讀者可以在剎那間充份感受到詩中情感行進力道的強弱。譬如上引的〈散心〉——「冷不防，被垂柳吻了一記」。〈生活協奏曲〉——「炊煙哭訴者，無家可歸」。以及〈豆漿店老闆〉——「問他的學歷，燒餅油條加豆漿」等等，確屬觀察不凡，從看似十分平淡的句構中，在在展示一個女性詩人捏塑語言，浮現意象，力求衝出困境的企圖。

3

劉小梅從事廣播工作，主持藝文節目多年，她的所見所聞所思，應比一般人更廣泛深入，對突發的重大事件，具有非常犀利的解剖綜合能力。本書第二輯所收組詩五首，就是明確的見證。

組詩之一〈慟〉，書寫兩年前發生在南投集集地區的大地震。她以十個子題，從〈來不及〉、〈變臉〉、〈停電〉、〈夢斷〉、〈病危〉、〈垂死〉、〈鄉愁〉、〈淚乾〉、〈軍援〉到〈重生〉，來呈現此一天崩地裂、慘絕人寰之浩劫，令人扼腕。其中警句如——

牆來不及哭泣
就倒下了

——來不及

一向以視力傲視群倫的
燈
突然失明了
——停電

街道頹廢得
連自殺都提不起勁
——垂死

一千個便當
裝的全是同類菜式
愛
——軍援

愛詩的朋友，請你以澄明的思緒，翻閱原詩，細心品讀幾遍，你就會覓得詩中的大悲巨痛之所在。

〈那一天……〉，從「寒露」到「大暑」十題，以小詩形式出之，也寫得迤邐深情，充滿對季節變化的敏感，特錄〈春分〉一詩爲例：

沈鬱如密雲不雨的天空
周遭的氣氛

因人人禁語
而悶死一隻黃狸貓

作者對時令變化，觀察入木三分，由〈悶死一隻黃狸貓〉的小結，而令人拍案叫絕。〈戲說書房〉，從老子、孔孟、墨子、金庸大俠、乾隆、蘇東坡、徐霞客、陶淵明、達摩、李杜、到張大千，抒寫古往今來二十位傑出的飽學之士，詩人以特具的觀點，為每家燦然點出精華之所在，如十六——

杜甫兄／羨煞人也／天地一沙鷗／諸法皆空／自由自在
但／作詩也得裹腹／怎不申請清寒補助／人家不都說／咱們是「文化中國」？

詩人深諳答非所問、四兩撥千斤的諸多技巧，其他組詩，我就不再列舉了。

4

劉小梅所鍾情的生活風景意象的詩是十分豐沛的。譬如她朗朗抒寫永遠塡不滿的〈六百個空格〉，一直在假裝中活著的〈假裝〉，屋裡彷彿高朋滿座的〈今夜，一人獨處〉，在山林竹軒〈你的影子正向我走來〉，被老妻河東獅吼過的〈名人〉，上次換裝時被扭傷胳膊的〈深淵（ｐａｒｔⅡ）〉，血液非他不能循環的〈ＶＩＰ〉，狠狠用權力解剖一本書的〈批評家〉，掃帚與抹布陪伴她一生的〈清潔婦〉，以乳溝促銷產品的〈檳榔西施〉，與胃酸抗爭一天的〈托缽的和尚〉，哈欠連連的〈世故的花圈〉，與他私奔的〈喪偶的胡琴〉，還有

〈會寫詩的蚊子〉，〈公園的鴿子們〉，〈天天開會的主管〉，〈超級巨星凱蒂貓〉，以及〈長了老人斑的辭典〉……等等。它們在作者的筆下似乎都相繼走進了「柳暗花明又一村」。

總之，還有很多話想說，但我必須打住，那麼就請讀者到她書中的每個景點，親自去逛逛與觀賞吧！

——二〇〇一年五月一日於內湖

張默先生：一九三一年出生於安徽。現為《創世紀》詩刊總編輯。著有《遠近高低》、《張默·世紀詩選》等詩集十一種，詩評集《台灣現代詩概觀》等五種，主編《中華現代文學大系·詩卷》、《新詩三百首》等二十種。曾獲國軍新文藝長詩金像獎、新聞局優良圖書金鼎獎、中山文藝獎、五四獎（文學編輯獎），為時人敬重的詩壇元老之一。

變臉的理由

——序劉小梅詩集「雕像」

白　靈

詩是日常語言的一種「變臉」，變臉的理由其實很簡單——如同川戲神奇幻異的「變臉」形式——無非將不可能化爲可能。在千百雙眼睛炯炯的注目中，不同的臉譜竟然可以於舉袖掩面、轉臉回眸之際變換自如——幻化出無數個花花大臉孔。詩亦如此，千百代人均在使用、頻繁進出的平淡人生和平凡語言，如何由其中變換出、創造出屬於自個兒獨特的面貌或臉孔，是歷代詩人日夜搔首、苦思不已的大事，希望每首詩的模樣都新鮮如天下億兆母親所變生出的新生兒臉孔一般，這樣的渴望人人皆有，恐怕是人類早已被內化的基因和宿命。因此也可以說，變臉是人生的常態，更準確些，或者應該說是宇宙的常態。詩不過是以藝術的語言形式，落實和體現此一變的常態罷了。

如此說來，劉小梅以一個著名的廣播人，「變臉」成詩人，孜孜不息地耕耘屬於她自身的詩風和詩貌，也就不難理解了。但她不同於散文家王鼎鈞、張曉風、陳幸蕙、簡媜等人的偶爾客串變臉當詩人，她認眞的程度，其實讓很多以詩人爲名的作家都感覺汗顏。不少詩人平時並不寫詩，參加獎項他才寫，詩人節來時他才寫，詩刊逼稿他才寫，如此應景應時而爲，要有什麼大作品，恐也只是緣木求魚。劉小梅不然，她置身於詩壇的紛擾之外，默默寫詩，悄悄「變臉」，爲自身的苦楚和不平尋求適當的各種變的可能，如此幾年之間即推出數本詩集，這可令置身詩壇以詩人自居的衆家兄弟檔姊妹淘都不得不心生警惕。

女詩人一向是詩壇的少數，能夠連續出版三四本詩集，更是少數的少數。而能將寫作層次一變再變，兼殊相與共相的，就更必須有「變臉」的理由和本領了。在廣播界堅持以藝術爲宗，以文學立足，數十年來，能維持住一定聲譽的文學人可說凰毛麟角。不隨俗、不譁衆取寵，不爲商業廣告所腐蝕，這基本上需要一種屬於赤子似的天眞，一種矢志不移的夢幻似的理想，這大概就是劉小梅仍有餘勇、能夠「變臉」成詩人的根本原因吧？而她展現在個性上的婉約和剛毅並濟的雙重韌性，使她與其他女廣播人或文學人相比，似又多了一份更敢於任事和勇於批判的態度。以本詩集中「諾貝爾熱」一詩末半爲例，她說：

花兒遲凋迎賓
草兒預約聽講
樹枝們開會研究著
如何畫禪

諾貝爾熱侵台
每粒瓜子都發高燒
一如感冒流行潮

詩中所指當然是高行健的諾貝爾熱，詩人對媒體的過度熱炒「變臉」了，對衆人「仰臉而望」的模樣似乎不以爲意，但又不明說，只間接說花草樹枝也都湊熱鬧去了，後段說「瓜子」發燒，或指腦袋瓜子，或指閑談嗑牙時被嗑開食用的瓜子——表示街坊巷弄人人皆談高行健，彷佛股票崩盤前夕的「擦童理論」似的，劉小梅對文學界這種一面倒的捧場、錦上添花似的附庸風雅（要不，高氏的書在台出版十年，爲何連一篇像樣的批評都沒有？），顯然有很多感慨和看法。有意思的是「樹枝們開會研究著／如何畫禪」兩句，說明了外行人看熱鬧、強不懂以爲懂，當強龍來壓地頭蛇時，地頭蛇一副不知所以、只好委屈求饒的阿Q心態。

劉小梅其實是幽默的，當她逐漸把詩的焦點從傳統女詩人專注的情愛主題轉移至對外向世界更多的關注時，她採取的常是跳躍式的幽默策略，而這樣的策略常得使用口語，只是觀察角度必須是全然的創新，比如「會寫詩的蚊子」一詩：

一隻絕不降格以求的蚊子
在通過極度飢餓試煉後
終於覓得門當户對的伴侶——
詩人

在吮足大師之血後
牠也成了飽學之士
出版了第一本詩集
此刻正嗡嗡嗡得意地進行著
新書發表會

這首詩表面看來，只像是寫蚊子喝詩人之血後揚長而去的幽默寫法，有對自身處境不堪，連蚊子都來欺負的自悼似的哀傷。內層的意思則可能是，資訊極度發達的社會，似乎人人當得詩人，左一個也是詩人，右一個也是詩人，其實拾人牙慧，盜取別人智慧財產權的所在多有，以「大師」口號爲名的詩人彷彿也滿街皆是，起而附和的「蚊子」更是四處嗡嗡亂響，劉小梅想要暗諷的大概就是這樣一種文壇亂象吧？而此類亂象豈只文壇而已？宗教界、藝術界、政治界、學術界，何「界」不是，假「大師」之名以行各種「蚊子」技巧或小人得志之勾當的，豈非更爲普遍？劉小梅此詩可說是一針見血啊！有趣的是，劉小梅在詩中以極小對極大，蚊子對大師，卻說他們是伴侶，看來大師毫無所覺，只是蚊子一廂情願，甚至大師也不是什麼大師，是蚊子抬轎、加以利用，最後可能狼狽爲奸，眞的成了不能分離的一大一小伴侶。劉氏此詩即妙在首段前二句中之「絕不降格以求」「通過極度飢餓試煉」，展現了蚊子雖小，卻聰穎過人（搞不好還在「大師」之上），只是體積太小、條件不夠充分，不得不假他名以行。這樣的「詩想」，可說是妙觀之至。

前述的詩一針見血，那麼「VIP」一詩就很像「血流如注」了，詩的前段說：

員工非他不能存活
引擎非他不能發動
稻米非他不能生長
氣溫非他不能回升
血液非他不能循環
地球非他不能運轉

如此重要人物，卻英年早逝，世界好像才比較正常，員工祭拜他時反而神采奕奕，爭他權位的人正是在「輓聯上落款的聞人」，鮮花照樣欲滴、陽光照樣溫煦，這就是VIP的下場。劉小梅可說將她詩的觸角伸入了她生活的每一層面，因此，在「雕像」一集中不難發現她對市井小民、上司主管、文壇人物的同情和針砭，其中「檳榔西施」、「豆漿店老闆」、「公園的鴿子們」、「飲茶的男人們」、「太太出走的丈夫」、「天天開會的主管」、「修改衣服的婦人」、「賣茶葉蛋的老榮民」、「清潔婦」、「批評家」……等作品，也均甚有可觀。這樣的視野和格局，正是一個「生活詩人」（非單純夢幻式的）要堅持、永不妥協地走下去，必得路經、掃瞄到的範圍。

當然，在與生活奮戰之外，屬於個己情感隱微的一面，劉小梅仍不忘回到自己的閣樓上去織夢和經營，但已是雲淡風清式的，比如底下二詩：

將相思之線
用針縫入
夜的裙裾

戀
從此
無痕

——（「別後」）

煩惱
強行闖入客廳
劫持了我的安寧

一一九報警臺爲難地答覆
這不是他們的執掌
絕非吃案

——（「惡客」）

這些詩不論就意象、形式、語句的安排而言，均極精緻和巧妙，清新可誦，不伎不求，圓融自得。以是，以劉小梅在詩藝上展現的「變臉」的潛能、和風貌格局之寬廣，以她在語言精緻度上的更加逐日考究，她令人目不暇給的璀璨演出，也應是指日可待的。

白靈先生：本名莊祖煌，一九五一年出生於台北，現任台北科技大學副教授。曾獲中國時報文學獎（敘事詩首獎）、梁實秋文學獎（散文首獎）、中央日報百萬徵文獎、中國文藝獎章、中山文藝獎、國家文藝獎等。詩作被鐫刻於台北「松江詩園」，為中生代詩壇重鎮。

雕像目錄

輯一

你的影子正向我走來

別後

將相思之線
用針縫入
夜的裙裾

戀
從此
無痕

失眠

心事
如海水漲潮

剎時
淹沒了抽屜
淹沒了臥房
淹沒了宇宙

惡　客

煩惱
強行闖入客廳
劫持了我的安寧

一一〇報警台為難地答覆
這不是他們的執掌
絕非吃案

散心

漫步湖邊
冷不防
被垂柳吻了一記

我立刻與師問罪
他囁囁嚅嚅地答道
都是
風
幕後主使

下弦

月亮罹患了骨刺
痛得伸不直腰

我心疼地勸她
告假休養
她略為沈思答道
找不到同事代班

假裝

一直在假裝中活著

假裝每日生龍活虎地出門上班樂在工作
其實都是睡眼惺忪哈欠連連

假裝和所有同事噓寒問暖
以一千二百度高溫
其實僅有百分之七十八點三出自肺腑
統計誤差零點零五

假裝對報上跌跌不休的股票行情視若無睹
其實對於可預見的金融危機
連青春痘都焦慮得提早枯萎

假裝輕而易舉便征服了忙碌和壓力
其實連手中的不銹鋼杯
都緊張得心肌梗塞

假裝將拒絕那些一擲千金的豪華饗宴
說成是為了減肥
其實是荷包在劇烈顫抖

假裝收到情箋面無喜色心如止水
其實反覆讀過十二遍

假裝對金燦奪目的夕陽餘暉歎為觀止
其實是滄桑自己的人老珠黃

假裝告訴家屬一切安好勿念
其實受創的心靈正在滴血

假裝相信翌晨旭日東昇
世界將會和平
其實連木材都知道
那根本是天方夜譚

一直在假裝中活著
並且
也將一直假裝下去

敢問

敢問
狗兒那麼專業地隨處放屎
可有申請執照

敢問
蚊子那麼鴨霸地吸食人血
可有司法背書

敢問
磅秤那麼誠實地反映美女的超重
該嘉獎還是懲誡

敢問

歷史那麼正直地揭發人性的醜惡
該褒揚還是焚毀

敢問
地球那麼消極地在慢性自殺
該打點滴還是安樂死

敢問
鈔票那麼積極地在教唆犯罪
該判死刑還是不起訴

啊

藍天是舞場
我的意念在那兒跳迪斯可

大地是書本
我的腳掌在那兒讀現代詩

人面是資訊
我的眼睛在那兒觀未來

種子是宇宙
我的手指在那兒決生死

相見歡

從未如此用心
關懷過一塊石頭
的來歷

可有身分證？
沒有
怎知你的出生年月日
父母　配偶　籍貫　職業
以及住遷登記
看你偉岸魁武長相出眾
必定源自世家
奈何淪為飄泊海邊的流浪漢

有意中人否
面對假期擁擠的觀光客
我知道
我僅是你眼中
最最平凡的一幕風景

嗜食嗎
下回我捎來
湯包　素餃　還是西湖醋魚
啤酒　大麴　抑或金門高粱

愛詩嗎
此刻就提筆
純
為你

落雨了

就讓我們共撐這支小傘吧
你偎著我
我偎著你
讓它品嚐一下嫉妒的滋味

哈啾
啊　著涼了
快把我的外套披上
知道你願與我袒裎相見
可也得避避媒體
否則
又成明日見報的頭條八卦

知道你是無殼蝸牛
別羞赧自己的成就指數
你瞧
天為廬

地為家
前臨水
後靠山
誰的雅居如此豪奢
你才是世界首富

知道你不擅張長李短
那我們就各自表述
你用腹語
我用心聲
靈犀就在眉眼間

不結義
不訂盟
你生命中無我
我生命中無你
你我僅交會於

緣

夜已垂
潮已退
鳥已飛
人已歸
我們就此說
再會

諾貝爾熱
——寫高行健訪台

媒體熱著
台北街頭熱著
網路咖啡廳熱著
眾聲喧嘩
落葉狂舞

鳥兒呼朋引伴
急欲一睹大師風采
貓咪興致勃勃地相約
合購「靈山」輪流讀
（非關吝嗇　經濟不景氣）
狗伉儷慎重其事討論著

該穿哪套衣裝入場
（長官也去觀賞「夜遊神」）

花兒遲凋迎賓
草兒預約聽講
樹枝們開會研究著
如何畫禪

諾貝爾熱侵台
每粒瓜子都發高燒
一如感冒流行潮

六百個空格

填充日子
以生活
就像填寫稿紙
以文字

六百個空格
一早便被汽車防盜鈴
佔據了三分之一行

沸騰的水在緊急咆哮
它說絕非為了爭取
稿紙上的一席之地

黃瓜與花生勢不兩立
使得早餐盤算的齊人之福
夢斷

一連打了四個噴嚏
咳嗽急起直追
接力賽成績揭曉
一分零八秒

綠茶與檸檬的競選政見
同為富含維他命C
只好投票表決

洗碗精堅持要控告主人誹謗
關於皮膚過敏的爭議
請找大法官解釋

菠菜與蕃茄都贊成
雙首長制
午餐因而出現
空前未有的和諧

豆腐　芹菜與辣椒
挑戰一夫一妻制

布希與高爾的白宮之戰
已打到台北客廳
趁廣告
讓心臟暫時休憩
若出事
保險不理賠

善意地餵食群鳥
卻被指為教唆鬥爭

品質不良的午睡
僅能捧場稿紙七個空格

仔細聆聽
一片落葉的嘆息
它感動得含笑而終

沐浴數十年
首度慎重其事地與身體
深情對話
頃刻間
信心被熊熊燃起

菜價狂飆
薏仁自告奮勇
充當晚餐救火隊

一舉撲滅了
主婦之愁

相思
由夜的悶燒鍋中
溢出

誦經
只獲得二十八分鐘的
身心安頓

稿紙上的剩餘空格
彷彿置放了蜜糖的陷阱
分分秒秒
都在誘捕智慧入彀

詩
猶在月球

許你一個未來

將你的青春
浸入福馬林
做為我永恆回味的標本

將你的溫柔
裹成木乃伊
置於我從不對外開放的心室

將你的滄桑
冰存零下攝氏十八度
做為我雕像塑模的藍圖

將你的名字

裝進時空膠囊
飛越千秋萬代物質不滅

想出去透透氣

想出去透透氣
看看秋天的顏色
量量大地的體溫
問問麻雀對文學獎有何意見
勸勸石頭別儘顧著出風頭

想出去透透氣
看看企鵝的鄉愁
聽聽大象的政見
問問青蛙
水患當前為何幸災樂禍
嗅嗅經濟
添加了多少防腐劑

想出去透透氣
看看車站的座椅
是哪位里長的競選支票
聽聽公園小草
如何解釋它頻率過高的緋聞
問問機車
油價漲了多少
陪陪落葉
別讓它淒涼地走完一生

想出去透透氣
其實不過是想
看一齣
不同的戲

今日丙寅，很詩

心情尚未開張
日已打烊
泡一杯濃郁的茶
把夜澆醒

倏然
整個書房都詩了起來

燈讀詩
床讀詩
唸珠讀詩
羅漢果讀詩

牆角的蟑螂讀詩
連黑人牙膏也不好意思地讀起詩來了
桌與椅正熾烈爭論著
誰才是真正的大師

今晚，一人獨處

屋裡彷彿高朋滿座

開水壺正在瓦斯爐上演奏
音韻過於單調的交響樂曲
冷氣機正在窗台架上朗誦
內容嚴重貧血的殘缺詩篇

光明正在燈炮裡散播
人生美好的種子
戲劇正在電視裡舉證
慾望沈淪的下場
香蕉正在果籃裡呻吟
快速惡化的腿傷

日曆正在牆壁上嘆惋
無藥可救的死亡

花朵正在瓷瓶中發表
戀愛感言

蚊子正在客廳裡吹噓
彪炳戰功

神明正在供桌上進行
道德偵防

智慧正在書頁裡誇口
長生不老

秒針正在時鐘裡
寂寞地獨白

貓咪正在刺繡裡
放肆地打鼾

衣服正在櫥櫃裡
爭風吃醋
螞蟻正在地板上
非法施工

儘管一人獨處
今晚
屋裡彷彿高朋滿座

少女情懷總是詩

偷偷將拜倫　徐志摩　泰戈爾
藏於抽屜內
如何溝通是他們的事
噓　別出聲
老師抓到會記過

剖食一隻雞的心情

愈吃愈沒心
愈吃愈沒情
愈吃愈沒心情

吃你
就像吃進一窩雛雞
無助又無處控訴的眼神

吃你
就像吃進一顆倚閭而望
年邁母親焦灼的心

吃你

就像吃進一粒
足以摧毀多年修行功德的
霹靂因果

瞧
你這嶙峋瘦骨
必定不懂得貪污自肥
吃你
就像吃掉經常缺貨的正義與公理

瞧
你這渾身勁道
必定是位傑出的足球國腳
為了奪標
該不會也服用禁藥吧
吃你
就像吃進三千公克的疑慮與不安

瞧
你這幽怨表情
必定對死刑定讞心有未甘
吃你
就像吃掉當今世界口口聲聲呼籲的
種族和平
吃你
就像吃掉古早人類時時刻刻標榜的
江湖道義
吃你
就像吃掉高僧大德棄世絕塵練就的
身心安頓

愈吃愈沒心
愈吃愈沒情
愈吃愈沒心情

你的影子正向我走來

在溪橋柳岸
在幽林竹軒
在茶盅書肆
在詩裡行間
在春暮秋深時
在倚樓凝目時
在蟲鳴雀噪時
在夜闌燈孤時
在攬鏡弄姿時
在慵懶戀床時
在賞楓聽濤時
在啖蟹剝蝦時
在調色潑墨時

在品味經典時
在前途趑趄時
在心念躊躇時
在風靜雨歇時
在劇終人散時
在意興昂揚時
在挫敗頹喪時
在慾潮綺夢中
在綠野黃塵中
在明月清輝中
在烈酒濃愁中
在煙霧迷濛中
在縱歌狂舞中
在蒼涼蕭瑟中
在姹紫嫣紅中
在碧波翠峰間
在鬢髮衣袂間

在東牆西牖間
在南來北往間
在彤雲白鷺的沙灘
在殘陽歸舟的海上

你的影子
正向我走來

輯二

生活協奏曲

慟（組詩）

——記台灣九二一大地震

◎之一：來不及

牆來不及哭泣
就倒下了
樓來不及顫慄
就倒下了
爺爺來不及氣喘
就倒下了
奶奶來不及失眠
就倒下了
爸爸來不及偉大
就倒下了

媽媽來不及瘦身
就倒下了
弟弟來不及調皮
就倒下了
妹妹來不及滿月
就倒下了
手電筒來不及立功
就倒下了
收音機來不及竄紅
就倒下了

她來不及哀悼
也倒下了
不知她的相關親屬
來不來得及
領撫卹金

◎之二：變臉

山不再是山
水不再是水
人不再是人
心不再是心

天
啊
何時你才得閒
為他們修補
那張破碎的臉

◎之三：停電

一向以視力傲視群倫的
燈
突然失明了

深情而慈悲的蠟燭
忍不住哭紅了眼

她悄悄許下心願
將獻出一生
陪他度過黑暗

◎之四：夢斷

返家
門鈴啞然以對
原來她即將成為音樂家的美夢
碎了
為此
她已辛勤練唱數年

我安慰她說
別怕

這只是暫時倒嗓
我去為妳沖一杯膨大海

◎之五：病危

電腦腦震盪
我立刻懇請救護車
送醫急救

推出加護病房時
醫生警告
得格外用心調養
以防舊疾復發

◎之六：垂死

街道頹廢得
連自殺都提不起勁

面對來往穿梭
如鬼魅的行人
她已不再驚悚得
汗毛直豎
因為她們幾已存活於
同一地獄

◎之七：鄉愁

死亡證明書
缺貨
大排長龍等待申請的
雞鴨魚豬
從未如此不分黨派
團結一致高喊著
支持行政革新

◎之八：淚乾

面白
語塞
手僵
心冷
一幢幢身影
馬不停蹄搬運著
也和他們一樣
面白　語塞　手僵　心冷的
一具具屍體
兩者唯一的不同是
陰陽

◎之九：軍援

心
拒吃早餐
急著去救災

不識之無的村婦
臨危授命
立刻披甲上陣
率領鍋碗盆瓢大軍
浩浩蕩蕩出發

一千個便當
裝的全是同類菜式——
愛

◎之十：重生

手做鏟
腿當車
上山
下海
望日
祈月

如蛇之蜕
來年
又是一副新面

四　季（組詩）

◎之一：春

乍回首
路邊的小花都懷孕了
我驚訝地問
妳們何時結的婚

◎之二：夏

蟑螂呼朋引伴
到冷氣房聯誼
繳電費時

牠們紛紛出示了
外交豁免權證照

◎之三：秋

妹妹（美妹）在庭園裡
鄭重其事地忙著
像要完成一件震天撼地的工程

媽媽問
「妳在幹嘛？」
她天真地仰面答道
「樹葉老了
替她染髮」

◎之四：冬

再厚的雪
也覆蓋不了伊

深印的足痕
我悉心將它們收藏於心房
取暖

連假（組詩）

◎之一

雨　來拜年
以熱情
以溫婉
以嘈嘈切切
以叨叨念念

他說不要紅包
只想抽空來陪陪
孤寂的老友

◎之二

和天空交談了一個黃昏
以眼
雖然他沒洗臉
灰濛濛其實是一種流行色系
去年

別搜括他底心事
好讓他去參賽徵文
不無小補的獎金
足堪餵養他的尊嚴

◎之三

風　在水面淫舞
花　在枝頭思凡
雪　在腦海禪冥
月　在雲中閉關

我，在風花雪月中
入定

◎之四

關掉開關
錄音帶頓時停止憂傷
毫無前科的
夜
竟將人心剁得粉碎

◎之五

愛情睡熟了
噓——
不要驚醒他
今夜就與

詩
共枕

◎之六

天花板老了

從未如此仔細
端詳過他的臉
那張白晳青春的面龐
何時長滿如許黑斑

試試看
這瓶專用果酸

那一天……（組詩）

◎之一：寒露

週末之夜
拋開一切俗務
專心於
感冒

◎之二：霜降

靈感休克
我趕緊對它施行
人工呼吸
一首有關八角形歲月的

詩
終於隨它步出
加護病房

◎之三：小雪

將回憶撕碎
擲入垃圾桶

昨夜
它卻將我的靈魂撕碎

◎之四：冬至

淚
躲到床底去了
怎麼揪也揪不出來

她說

不能讓愛人看穿
她已病入膏肓的
相思

◎之五：春分

沈鬱如密雲不雨的天空
周遭的氣氛
因人人禁語
而悶死一隻黃貍貓

◎之六：穀雨

精神走失了
遍尋一個下午
仍無所獲
正當絕望之際
驀然發現

他正在門前小巷
悠閒地
散步

◎之七：立夏

一隻玉樹臨風的貓
撲通一聲
倏然來訪

我猝不及防
趕緊躲入房中
整理內部
以免有損文化交流的
形象

◎之八：芒種

從未雲雨過的蝴蝶

情不自禁
偷偷吻了繡球花
的粉嫩面頰

牠說
是在彩排
即將在大地劇院上演的
一齣舞展

◎之九：小暑

蚊子嗡嗡嗡地向我
嚴刑逼供

嚇得我
趕緊把相思
偷偷藏在
書頁裡

◎之十：大暑

剛整過型的馬路
熱得想去北極海潛泳
皮膚乾裂的陽台
熱得想叫一客香草冰淇淋
早已性無能的老樹
熱得直氣喘
失業三個月的花盆
熱得腦溢血
鍋裡的飯
熱得想裸奔
壺中的茶
熱得想越獄

未滿十八歲的摩托車
煩得想找碴

失戀N次方的電話亭
煩得想自殺
減肥無效的月亮
煩得想跳樓
退休不成的欄杆
煩得直掉髮
寂寞的橋
煩得想灌酒
苦悶的詩
煩得想逛街

冷氣終於修妥
所有的星星都跑進屋內
避暑

戲說書房（組詩）

◎之一

老子先知
徒兒來問禮了
哪　這是剛上市的麻豆文旦
還有包裝了十七層的京兆尹月餅
就當束脩吧
不足的
下次再補

◎之二

孔老夫子
睽違二十載

怎麼全無歲月痕跡
去拉皮了？

您拿了多少版稅
敢問
那可是排行榜上的長銷書
被學生拷貝爛了
噢　您那本論語講義

◎之三

孟老夫子
幸虧您沒生逢此時此地
否則必被驅逐出境
您那套理論
「上下交征利而國危矣」
早該丟到茅廁坑了
當今流行的是

搶錢

◎之四

墨子老兄
何不改個名換個姓
儘管法庭三令五申
不許種族歧視
老黑總是多遭白眼

◎之五

金庸盟主
讚
您已輕而易舉
統治了華人帝國
以
文字

◎之六

歷代高僧
您們別老是
佛曰　不可說　不可說

打我一棒吧
我絕不會控訴
這是一則暴力事件

◎之七

乾隆陛下
好在您有諸多韻事
否則
劇作家都要失業啦

◎之八

說什麼風雲人物
瞧　你們
個個灰頭土臉
連銀蠹魚
都沒把你們放在眼裡

◎之九

你們都稱自己為
朕
翻遍這帝王列傳
誰才是朕中之朕
下次詔告編輯
切勿將朕排排坐

◎之十

東坡學士

想你才華蔽日
奈何屢屢被貶

你有一肚子的不合時宜嘛
噢　我忘了

◎之十一

霞客兄（按：徐霞客）
誰叫您那麼急於出世
您看
那些炒作旅行文學的後輩
都在當今媒體上
篡了您的位

◎之十二

淵明先生（按：陶淵明）
您還那麼自命清高嗎

環堵蕭然
不畏颱風地震？

折腰吧
就為那五斗米
厚顏者又何止您

◎之十三

祖逖先生
您還聞雞起舞啊
該退休啦

可要善待那隻
勞苦功高的老公雞喲
給牠一筆豐厚盤纏
告老還鄉
噢　別忘了

替牠辦個優惠存款

您若寂寞
就買隻電子雞陪伴吧

◎之十四

達摩祖師
請允准我送您雙鞋吧
您要「旅狐」
還是「麥克喬登」

◎之十五

李白兄
您也太酷了吧
天子呼來不上船
想做官

就得跟著主流走

◎之十六

杜甫兄
羨煞人也
天地一沙鷗
諸法皆空
自由自在

但
作詩也得裹腹
怎不申請清寒補助
人家不都說
咱們是「文化中國」？

◎之十七

清照姐（按：李清照）

妳這萬人迷
可知為何紅不讓
就是妳那載不動的許多愁啊

舴艋舟已褪流行
買艘遊艇吧
沒經費
何不試試績優股

◎之十八

屈原大夫
人們都祭您以粽
過端午
記得您最重形象
節制點
否則還得去減肥
時價

一斤肉
八千新台幣

◎之十九

大千爺爺（按：張大千）
人們都説您是美髯公
美髯者
性感也
怎不見您的緋聞上報
喂（悄聲）
您是怎麼擺平她們的

◎之二十

禹錫兄（按：劉禹錫）
無仙
無龍
這書房陋室

照樣擠滿鴻儒

您先陪他們談笑
我去
烹茶

生活協奏曲（組詩）

◎第一樂章

餅乾喜悅著
雖然僅僅活了數日
因為終能免費
旅遊一趟
人體

◎第二樂章

書桌衰老著
以幾何級數

即使整型
也遮不住它
疲憊的心

◎第三樂章

橘子緘默著
屋內眾聲喧嘩

蹙眉
是因過度心酸

◎第四樂章

胭脂痛恨著
秋天的絕情

於是
一掌將煩惱

推出窗外

◎**第五樂章**

炊煙哭訴著
無家可歸

它再也不要去演講
有關流浪的故事

◎**第六樂章**

露珠崇拜著
宇宙的宏偉

它從不清楚這島嶼
僅有三萬六千方公里

◎**第七樂章**

灰塵質疑著
所謂的公司制度
它已二十年
沒換過職位

◎第八樂章

花生憤怒著
以爆破一座山的威勢
因為它的屋宇
被食客強制拆除

◎第九樂章

彩蝶飛舞著
從黎明到黃昏

遊客憐惜地說
妳能否休憩片刻
牠說
我正忙著採集
歲月的滋味

◎第十樂章

棕櫚抖擻著
滿園花草都聚精會神
洗耳恭聽
它節奏鏗鏘地朗誦著
二十世紀名詩選

◎第十一樂章

圍裙坦承著
她與男主人的曖昧關係
不是偷竊

而是兩情相悦

◎第十二樂章

遠山含笑著
昨夜喝多了白蘭地
連它自己也不知
今天會上演這樣的戲碼

◎第十三樂章

寂寞氾濫著
終於淹沒了
毫無提防的
夜

◎第十四樂章

蜜蜂憂鬱著
時不我予

蜂漿滯銷
是因
牠們忘了微笑

◎第十五樂章

路燈預告著
今日即將死亡

我並未強加施救
因為它早已厭倦
身為太陽的棄婦

◎第十六樂章

瀑布傾洩著
千年之淚

活著是因
仍未放棄追尋
一親岩石的芳澤

◎第十七樂章

鮭魚暗戀著
桌上同牠一樣寂寞的
詩集

羞紅著臉頰
牠奢求的僅僅是
詩人的回眸一顧

◎第十八樂章

海棠珍惜著
與土壤的心心相印
能夠廝守終生

只因呼吸與共

◎第十九樂章

夕陽嫵媚著
以其耀目金光
強勢挑逗我的中年慾望

金剛一卷
普洱一杯
其實　也有些些
不捨

◎第二十樂章

鉛筆困惱著
與詩僵持了一夜

在歷史扉頁的急電下

它交出的成績是
呵欠

◎第二十一樂章

老婦咕噥著
從上車到下車
從滿清到民國

鑲金繡銀的旗袍
針針都是歷史
濃妝艷抹的面容
寸寸都是古董

她未來的生涯規劃是
喃喃自語

◎第二十二樂章

楓葉醉臥著
她在刻意逃避
為即將離去的戀人
送行

◎第二十三樂章

小草凝咽著
是因忍不住心疼
月亮消瘦

俯身低首
千萬別讓她察覺
好讓淚
安然偷渡

◎第二十四樂章

雨滴彈奏著
夜之鍵
溫柔地
輕盈地
剛剛好敲碎
我的心
它竟撇清關係
以無辜的口吻

◎第二十五樂章

椅墊直嚷著
腰痠背痛
它再也無畏於
主人的面色
儘管失業率急劇攀升

這條勇氣之路
從膽邊到嘴邊
足足走了
七年

◎第二十六樂章

瘦菊怒放著
她要竭盡所能以生命來安慰
秋的寂寞

今晚的盛宴
主菜是
美
特地邀我作陪

◎第二十七樂章

唱片沙啞著

同樣的舞步
它已踩過十二遍
悲傷無需習練
詩
早已準備登場

◎第二十八樂章

綠竹邀約著
以款擺
以溫柔
拒絕了一隻斑爛的彩蝶
他說
是為向我表明心跡

◎第二十九樂章

彩券沮喪著
午餐尚無著落

它和太陽商量
可否更換一下地盤
收入盈餘
對分

◎第三十樂章

蚯蚓鑽營著
努力為將來綢繆

它逢人便解釋
我可是光明磊落地鑽
從未走後門噢

◎第三十一樂章

藥丸煩惱著
被迫虛誇的神效

它正鼓足勇氣
準備自首

◎第三十二樂章

秋天想念著
伊人的容顏

落葉滿階
只因不擬再等待

◎第三十三樂章

琵琶嘶喊著
以咽喉
以肺葉

以生命

它在為正義之師
加油

◎第三十四樂章

梅花踟躇著
是否要為白雪跨刀演出
美
是他們共欲建築的夢
她願全力以赴

◎第三十五樂章

欄杆思索著
可否提前退休

因已承諾
相戀多年的鸚鵡
邀遊寰宇

◎第三十六樂章

睡眠清醒著
我只好拿起橡皮
努力擦拭昨日的痕跡
然後
取來紙筆
寫下明日的歷史

而眼瞼
正以優惠條件
與夜協商

◎第三十七樂章

白鳳豆納悶著
遲來的驚人魅力

是出生年月登記有誤
抑或床位調了
今生今世
它壓根兒還沒拜過財神哪

◎第三十八樂章

眼神惆悵著
當耶誕鈴聲響遍
全世界的歌台舞榭

柬埔寨邊境赤腳的孩子們
個個倚閭而望
聖誕老公公何時降臨
他們期盼的僅僅是僅僅是

一雙鞋

不會吧
那只是傳說中的神話
那只是卡片上的圖案
像我們這窮鄉僻壤
孩子們的眼神
惆悵著

◎第三十九樂章

茄子驕傲著
擁有一襲獨步天下的
紫衫

不擬拜師
它就是如假包換的

名牌

◎第四十樂章

日子凋謝著
我竭盡心力灌救
它卻毫不眷戀地
奔赴死亡

◎第四十一樂章

夜　分泌著
孤獨
我以燈撫慰
而燈
也已衰老

◎第四十二樂章

酒　盤算著
該如何啓齒
非關吝嗇
實在是年終獎金告急

又來了
每飲必醉的詩
總是忘了
付帳

◎第四十三樂章

愛　笑傲著
攫走我的魂魄
竟輕而易舉
未損一槍一彈
電腦滑鼠也還在夏威夷度假

面對不可抗力的失職
我只好連夜撰稿
向人生
請辭

◎第四十四樂章

兵馬俑抱怨著
連放假都不得安寧
喂
老子一週的工作時數
早已超過四十四小時啦

看倌
別儘顧著評頭論足
若能來點台灣小吃
保證我們的演出
更為精彩

◎第四十五樂章

文字裸裎著
姣好而誘人的身軀
我卻毫無恣情的慾望

難得一見的寒啊
福爾摩沙

◎第四十六樂章

蠹魚穿梭著
從書內到書外
從年前到年後

豐胸　以英漢辭典
肥臀　以文學鉅作
美容　以經史子集

修行　以筆墨紙硯
八天連假
牠最大的收穫是
洗心革面

◎第四十七樂章

鞭炮肩負著
除舊佈新的重任
一出師
便將苟延殘喘的二十世紀
消滅淨盡

◎第四十八樂章

老人們來勁著
茶水一壺接一壺
瓜子一碟又一碟

都自認猶是
英雄年少

正月初四
宜開市納財栽種破土
嫁娶訂盟安葬立碑……
獨缺
高談闊論

◎第四十九樂章

青春飛奔著
是為逃脫意欲向她搶劫的
時間的追逐
儘管馬不停蹄
卻仍讓其得逞

◎第五十樂章

太陽猶豫著
不知該何時露面
才算禮貌周全

以雲為屏
先整理整理儀容
再出場吧

◎第五十一樂章

燈光迷矇著
是為節約能源
還是怕被看清雀斑

待我來揭穿他的秘密

◎第五十二樂章

眼淚偷吻著

住在臉上夜不閉户的毛孔
對於她們的驚惶失措
他再三解釋
絕無犯意
只是　一時忍不住而
聞香下馬

——本詩部分曾發表於「人間福報」副刊

輯三

如果我也成了一尊雕像

名人

艷陽拒絕了所有應酬
慷慨陪我造訪
由媒體敕封的
所謂名人

巷裡來去匆匆
滿是腳
不知哪雙屬名人

驀然回首
名人的腳
正晒在公寓陽台上
那是一雙

踏過山川
踏過死屍
踏過落英
踏過歷史

被小人陰謀過
被大人打壓過
被飯碗鄙視過
被皮鞋委屈過

被僕從感念過
被愛人相思過
被石頭拳擊過
被痲將呼喚過

被寵貓呲牙咧嘴過
被么兒橫眉豎目過

被老妻河東獅吼過
被鄰居竊竊私議過

被威而剛害過
被汞污泥嚇過
被垃圾山氣過
被紅樹林謝過

被電腦考過
被股票殺過
被春雨吻過
被秋風惹過

被心割過
被魚恨過
被酒笑過
被淚淹過

尚未弄清祖考
尚未預定墓地
此刻
正悠閒地在陽台上療疾的
香港腳

深淵（part II）

一名乳溝不夠明顯臀線不足以聳動異性慾望
從未想拍寫真集發財出名
每到週日習以為常被扒得一絲不掛
站在幸虧擦得不太乾淨的玻璃窗內裸體示眾
看到社區巡邏警察
一點也不擔心會因妨害風化被逮捕或罰鍰
上次換裝時被扭傷胳膊
老闆不道歉也沒做出醫療賠償
不紋眉不豐頰不磨骨堅持服膺真理
茶餘飯後卻被顧客譏為不合時宜
自知無論如何打拚也不會有什麼傑出成績
早已認命守分絕不易名改運的
模特兒

不喜不怒不憂不怨不愛不恨不哭不笑
讓人誤以為患了腦性麻痺而在背後指指點點
卻不像有些人動輒打著弱勢旗幟到處乞憐
因與身旁同樣命運的同儕姐妹眉來眼去
常被一些唯恐天下不亂的無聊人士耳語成同志
也不像有些人藉故訛一筆足以養老至死的誹謗費
早已到了適婚年齡
卻沒家屬替她張羅相親因而仍為單身卻不貴族
並非減肥而是因為營養不良
體重過輕惡性貧血但無白血球過多之慮的
模特兒
看著目下一對
摟摟抱抱摩摩挲挲勇於挑戰尺度的少年仔的激情演出
從未曠過職休過假違反過勞基法的她
真想也在這寒流來襲的冬夜溜個班
到對面那家全靠燈光曖昧招攬生意的小酒館
肆意地喝兩杯時下最流行的紅葡萄酒

印證一下自己依然活著的生鮮滋味
說是禦寒也好抵擋寂寞也好
說是墮落也好找回自尊也好
此生任憑如何辯解
她再也摘不去這個
不想要卻又不能不要的頭銜——
模特兒

（註）此詩定名為「深淵（part II）」，實因「深淵」原為經典詩人瘂弦先生之代表作，為免僭越，乃稱第二部，特此說明。

祖孫

不必再為不工作而感到不道德的
老奶奶
踏著還有點剩餘價值的夕暉
推著一嬰兒車的
希望
緩步在每日必經
也同她一樣人老珠黃的小巷
面對一些無所事事胡亂打著招呼的路人
她指著車內啣著乳嘴的孫兒
滿足地笑答著：
這是栽種一生的
收成

VIP

員工非他不能存活
引擎非他不能發動
稻米非他不能生長
氣溫非他不能回升
血液非他不能循環
地球非他不能運轉

一直奮力肩擔世界
自認責無旁貸絲毫不敢鬆懈的他
某日晨起
猝死於心肌梗塞
享年四十有六

告別式時
員工神采奕奕
魚貫入內行禮
輓聯上落款的聞人
顯然剛進行過一場卡位之爭
致祭的鮮花嬌艷欲滴
廳外的陽光溫煦如春

（註）ＶＩＰ：Very Important Person，時代慣用語。

批評家

用威權之力
解剖一本書

剝開肋骨胸膛
取出五臟六腑
結紮血管神經
檢測組織結構
看看那裡發炎
　那裡失衡
　那裡浮腫
　那裡衰竭
然後將刀毫不留情地狠狠切下
原本健康生猛

極有可能成為人瑞的那本書
因此一命嗚呼

而他
並未因手術失誤被控訴

清潔婦

和品味
彷彿有不共戴天之仇
和書本
因了解而分居多年

因迷戀不能自拔
而成華爾滋的情婦
因寂寞無以排遣
而成**KTV**的恩客

掃帚與抹布
陪伴著她的一生
馬桶與垃圾

主宰著她的命運
她的目光只對舊報紙放電
她的個性只對廢棄物展示

行事　有意地青青菜菜
為人　無心地嘻嘻哈哈
問她有何生涯規劃
她總回答
下班返家

檳榔西施

以乳溝促銷產品
以臀浪招攬顧客
以笑渦創造業績
以玉腿經營生涯

在這枯燥乏味
挑戰人類疲勞極限的高速路上
衷心為她們祈禱
紅顏
別老

豆漿店老闆

問他的學歷
燒餅油條加豆漿

問他的至交
圍裙

問他的最愛
顧客

問他成功的滋味
油煙

問他的作息

顛倒黑白
（黑夜工作白晝睡眠）
問他的未來
依舊是
燒餅油條加豆漿

托缽的和尚

與風砂抗爭了一日
與胃酸抗爭了一日
與疲倦抗爭了一日
與人性抗爭了一日

跟痲木得忘了自己姓名的腿道歉
跟自尊被踐踏殆盡的缽道歉
跟被晒得險些鬧火災的頭皮道歉
跟被蚊蟲肆虐得想上吊的袈裟道歉

夜幕低垂
驗收成果
他募得了一碗
沮喪

世故的花圈

它幾已熟識所有達官貴人
包括最新異動的職位頭銜
也已詳悉公務訂購的報單價差
並已掌握紅白禮俗的角色分野

朝哭夕笑
已如晨起梳洗般習以為常
上台下台
亦如官場般隨時待命
賓主歡唱
它在一旁擊拍伴舞
政要致詞
它在兩側洗耳恭聽

開幕前
它全神貫注昂首立足
閉幕後
它打打哈欠伸伸懶腰

生平最痛恨的莫過於那些
口沫橫飛老將觀眾當子女訓誡的發言者
讓它縱使十萬火急也無法離席如廁
讓它縱使飢渴難耐也無法盡情用餐

日子重覆又重覆
而它就這麼毫無喜悅也毫無不喜悅地
送往迎來著

喪偶的胡琴

與他私奔
是此生活得最轟轟烈烈的事蹟
面對紀念室牆上琴師的遺照
她羞紅了臉

玉潔冰清
是對他一生一世的承諾
儘管該論調已如過時旗袍
任何非禮
都將被罪以
性騷擾

會寫詩的蚊子

一隻絕不降格以求的蚊子
在通過極度飢餓試煉後
終於覓得門當户對的伴侶——
詩人

在吮足大師之血後
牠也成了飽學之士
出版了第一本詩集
此刻
正嗡嗡嗡得意地進行著
新書發表會

修鐵窗的小弟

完全無視於他
不慎受傷猶淌著血的足趾
供給食宿兼師傅的老闆
如漢武帝般滿場指揮著

纖弱如柳的徒弟
奉聖旨
將較他更為健壯高挺的鐵窗
扛上扛下　顛三倒四
以足可填滿一座水庫的汗珠
終於安裝妥當

感恩一杯開水

幾乎三跪九叩
面對止血藥膏
彷彿孤兒覓得生母

可曾思及未來？
他以茫然雙目回答著
鐵窗歲月

公園的鴿子們

失業率又升高啦
公園廣場的鴿子們
咕咕咕地閒聊著

靠救濟金度日
福氣啦
不必學電腦　一說
不必看臉色　一說
不必走後門　一說
還有　不會禿頭
一隻愛美的正用喙檢視著
牠身上美麗的羽毛

可這麵包屑不含ＤＨＡ
又缺胡蘿蔔素
沒鐵沒鈣
也不能防癌
一隻貪生怕死的憂形於色

現在流行下午茶呢
一隻半老徐娘試探著
我倒想去喝喝左岸咖啡
一隻荳蔻年華的憧憬著
聽說旅遊團降價了
金融風暴嘛

看　善心人士來了
一隻雛鴿雀躍著
又是麵包屑
至少換個口味嘛

一隻挑嘴的頗有微詞
人家是在布施吔
一隻富正義感的反駁著
喂　這是福利政策指標吔
沒有咱們
他們的業績都要掛零
一隻搞過工運的答辯著

唉　想想那些地震災民吧
一隻年高德韶的打著圓場
是啊　唱支歌吧
為咱們的快樂天堂

飲茶的男人們

桌旁坐滿聒噪
壺裡泡滿升遷
杯中盛滿女人
空氣裡充滿
嘆息　詛咒和煽笑

續杯裡
偶而摻雜著
對於可能發生又未必發生的戰爭
的無名恐懼
偶而也摻雜著
對於可能崩盤又未必崩盤的經濟
的無奈抉擇

窗外時晴時雨
有時又不晴不雨
大半個假日就這麼
有點後悔又不太後悔地
無聊過了

太太出走的丈夫

鍋子嫌他
爐子吼他
碗盤睡懶覺
茶杯不洗臉
拖鞋翻跟斗
衣服同性戀
報紙無精打采
床單垂頭喪氣
廁所空氣污染
客廳顏面傷殘

花要保濕效果的化粧品
狗要七分熟沒有口蹄疫的豬排

兒子不要僅能觀賞用的越野吉普車
女兒不要仿冒的芭比娃娃

醫師面色凝重地警告他
人過中年
切忌高血壓

林蔭幽深的小徑

別來
如果你沒讀過桃花源記
別來
如果你沒讀過秋聲賦
別來
如果你沒讀過雅舍小品
別來
如果你沒讀過台北人

小心
別盜取大師的足跡
版權所有翻印必究
小心

別踐踏畫家的傑作
保險昂貴賠償不起
小心
別詛咒絆腳的石子
那是詩人的靈感泉源
小心
別損毀蕭索的枯枝
那是導演的免費布景

今日空氣很文學
諸位
不妨現場考照
稍後立即公布
作家排行榜

天天開會的主管

彷彿體內裝了彈簧
一碰觸立即騰跳而起
彷彿臉上裝了開關
一按鈕微笑自然浮現
彷彿肝臟裝滿補品
一吆喝精力便傾巢而出
彷彿功能障礙的錄音機
有時只錄不放（對上）
有時只放不錄（對下）
與時間
與壓力
已順利取得最惠國待遇
還在洽談排除條款

今日影印昨日

明日影印今日

本週影印上週

……

即將退休的技工

天花板彷彿有藏寶圖
地板下彷彿是金礦
桌上玻璃板壓著的年曆數字
彷彿六合彩
紅字是中獎（例假日）
黑字是摃龜（工作天）
已磨出雞眼的腳板
正端著架子
享受敬老尊賢的理所當然
從不發言的鞋底板
愈走聲音愈大
愈走聲音愈大

等待晚餐的蟑螂

主子
何時才能賜我個座位
與您們共進晚餐

主子
何時我才能吃到
母親做的愛的便當
昨天去聽演講
專家說人生應該有夢

主子
您無需多所顧慮
我們從不挑食

師父常說要惜福

主子
您的烹調技術不容懷疑
一如皇后的貞操
只是　只是
那碟麻婆豆腐太火辣
我可是道道地地的台灣螂啊

主子
何時才能賜我個座位

未成正果的佛珠

羞愧得直想撞牆
同門都已畢業
唯獨他留校查看

把心安住
師父要他ＤＩＹ（註）

（註）ＤＩＹ：流行語，意即自己動手做（Do It Yourself）。

並無不實的廣告

其實並無不實
它只是將碗內唯一能見到
一隻乾癟小蝦的生力麵
廣告成內容豐富獨步天下的海鮮大餐

其實並無不實
它只是將以沙拉油桶奠基
但卻無人知道內幕的建築
廣告成優點羅列值得信賴
不買將會後悔終生的豪宅

其實並無不實
它只是將國人不常到國外採購的次級貨

廣告成原該數十倍標價
卻正犧牲大拍賣的所謂名牌

其實並無不實
它只是將一些人們並不熟知
也無暇去查本草綱目的尋常藥草
廣告成可以讓人起死回生
長命百歲的無價珍寶

其實並無不實
它只是將毫無經營生機
外界卻看不到業務報表的黃昏企業
廣告成潛力無窮
保證穩定成長的智慧投資

其實並無不實
它只是將首映票房慘敗的事實

省略不提
廣告成因男女主角大鬧緋聞
觀眾千萬不能錯過的經典好戲

其實並無不實
它只是將穿著黑色服飾側面拍照的模特兒
廣告成人人都勢必同她一樣
一夕便可達成減肥速效的美容中心

其實並無不實
它只是將曾經發生過的諸多引擎事故
暫時遺忘
廣告成零缺點零風險
絕對物超所值手屈一指的頂級跑車

其實並無不實
它只是將如果智商一八〇如果廿四小時服務

如果是超人的如果
善意刪除
廣告成在家工作免學歷免經驗
輕輕鬆鬆便可月入數十萬的好差事

其實並無不實
真的
即使攤在法律之前
即使攤在陽光之下

修改衣服的婦人

所謂世界
於她
不過就是個僅能呼吸的空間

所謂人生
於她
不過就是那要不出新把戲的
日出日落

所謂情愛
於她
不過就是與針與線與縫紉機的
朝朝暮暮

所謂失業
於她
不過就是報紙上一個
形同流行疫病般的詞彙

所謂政治
於她
不過就是被慫恿去投一張
與她似乎無啥相干的選票

所謂文化
於她
不過就是楊麗花的一齣
老掉牙的歌仔戲

所謂名字

於她
不過就是填表格時一個
永遠記不全的身分證字號
其實她甚至不排斥顧客親切地喚她一聲
歐巴桑

超級巨星凱蒂貓

紅
是牠學會的第一個中國字

趁著外面人潮大排長龍
甚至還席地而眠時
牠便早早起身
對著梳粧鏡
仔仔細細端詳著
是這襲潔白無瑕的白緞袍
抑或這款最正點的紅領結
總不會是這過度臃腫的身材吧
曾經牠也想去做抽脂術
曾經牠也想去割雙眼皮

曾經牠也想去矯正據說會破財的齒漏
曾經牠也想去買副義大利防晒鑲金墨鏡
怎麼也想不通
會紅

噢
發　算命的如是說

長了老人斑的辭典

聯考過後
就再也沒被寵幸過
如今
忝佔書房一隅養老
免房租
免繳地價稅
台北的天空很慈悲

閒來無事
攬鏡自照
赫然已見老人斑
左鄰右舍姐妹們
正呼朋引伴要去改頭換面

唯獨她
趕緊拍照存證
準備申請老人年金

初出茅盧的推銷員

靦腆
是他每日挨家挨户推銷的產品
心態
是他必須戮力擊垮的銅牆鐵壁
成功
是他對公司必須報繳的業績

他　死了
終於有一天
檢警判定為他殺
兇手是
自尊

膽戰心驚的收銀機

值夜班的收銀機
突然中風
因為驚嚇過度

急救後已恢復神智的她
有氣無力地說
每張臉都彷彿意圖不軌
辭職
是她腦內唯一的新思維

在店長誠意百分百的慰留下
她免為其難地答應
繼續膽戰心驚

賣茶葉蛋的老榮民

每日他都擔著那一桶弟兄
到公園出操
儘管已離營多年
每一粒蛋
就如一位入伍新兵
每當售出
就如他的子弟退伍

曾經也有夢
娶一房美不美倒無所謂
只要宜男的女子

如今有人問起

他總似笑非笑地指指
那一桶芳香四溢的茶葉蛋
恆常還會自我諷侃地加上一句
改天去報户口

如果我也成了一尊雕像

如果我也成了一尊雕像

無法盥洗
還談什麼形象
飢腸轆轆
想念永和鹹豆漿
噪音四起
拜託給個耳塞好嗎
佇立路中央
會不會被當成廢棄物清理
帥哥猛男神采飛揚地經過
切記不能拋媚眼
我可是堂堂一尊雕像

如果我也成了一尊雕像

腹脹如鼓
何時方能如廁
頭暈目眩
敢問可否請病假
百貨拍賣
心動卻不得行動
兒童走失
唯一能支援他的是袖手旁觀
月初發薪
職工存款入帳沒
我可是廿四小時服務的「都市站警」
如果我也成了一尊雕像

寂寞啊
誰來晚餐
孤單啊
黑狗兄
今夜可願與我同床共枕
無聊啊
每日都與同一盞燈講同樣故事
恐懼啊
地震　別掀我的底盤
我可是虛有其表的無根之樹
鬱卒啊
連飛鳥都來頭頂放屎
我可是堂堂一尊雕像

如果我也成了一尊雕像

佇立路口愈久

日晒雨淋
風吹砂拂
還有永遠消滅不了的空氣污染
這張面皮必定也愈來愈厚啦

永不休耕（後記）

值此百業蕭條之際，詩的唯一出路就是「滯銷」。審時度勢，我依然堅持做一名永不休耕的詩人，儘管可能被譏爲「不識時務」，甚至「不知死活」。因爲我始終相信，這是一個最壞的時代，也是一個最好的時代。迭更斯締造了他的小說時代，我們爲何不能締造一個詩的時代？

這是我的第四本詩集，聚焦於「雕像」，與過去純粹主觀的自我發抒顯有不同，它不僅透視內在，更放眼天下，已由書寫身邊瑣事，擴展而爲關懷衆生，但並非刻意雕琢，完全是水到渠成。因爲外在環境提供了如此之「因」，方才結出如此之「果」，詩人不過是憑藉一雙敏銳的眼，一顆柔軟的心，一枝創意的筆，將一樁事或一個對象，勾勒得傳神而不失眞。正因爲要描繪他們，所以才貼近他們，關注他們，和他們一起寂寞，一起滄桑，一起走過這個時代，詩僅是抉擇的一種文體形式。從不主張標新立異，也不敢如時下女權主義者那麼誇耀自己紅得發紫，我只想做一名盡情率性不忮不求的文字農夫，盡心盡力將自己擁有的一畝詩田，耕耘得禾秀果豐，於願已足。

在此特別要感謝詩壇大老張默先生，以及中生代名詩人白靈先生應允賜序，他們的傑作早已爲世人所肯定，爲後輩所景仰，冒昧索序，壓力之重可以想見，但這也是鞭策自己提昇不可避免之途，再次向兩位尊師叩首。同時也要向出版社發行人彭正雄先生合作，感謝他鼎力相助，方得使此書付梓。

劉小梅　寫於竹軒　二〇〇一年三月十八日